LINDEMANN GROUP

Peter Schießl

SERIENDRUCK
Serienbriefe, Etiketten, Umschläge mit

Microsoft
WORD 2019
Schulungsbuch
mit Übungen

ÜBUNGSTEXTE ZU DIESEM BUCH PER EMAIL ANFORDERN:
post@kamiprint.de

ISBN 979-8-709306-05-9
Print on Demand since 2019
V250612
Herausgeber: Lindemann Group, München
Postanschrift: LE/Schießl, Fortnerstr. 8, 80933 München
E-Mail: post@kamiprint.de Fax: 0049 (0)89 99 95 46 83
© Dipl.-Ing. (FH) Peter Schießl, München
www.lindemann-beer.com / www.kamiprint.de

Dieses Buch wurde anhand einer Standard-Installation von MS Office 2019 Professionell auf Windows 10 erstellt. Abweichungen von den Beschreibungen und Abbildungen sind durch eine benutzerdefinierte Installation, Updates oder durch andere installierte Software möglich.

Inhaltsverzeichnis

1. Vorwort

Microsoft Word ist weit mehr als ein reines Textverarbeitungsprogramm. Es integriert Funktionen, die früher teuren und schwierig zu bedienenden Satz-, Grafik- und Präsentationsprogrammen vorbehalten waren.

Für die Anwendung eines derart leistungsfähigen Programmpaketes ist jedoch umfangreiches Wissen erforderlich.

Um zu diesem Ziel beizutragen, haben wir diesen Auszug aus unseren drei Word-Schulungsbüchern erstellt, in dem nur Serienbriefe und Etiketten behandelt werden.

1.1 Word in drei Bänden

Jedoch sollten Sie erfahren, was Sie in den vollständigen Ausgaben lernen können. Darum folgt ein kurzer Einblick in das komplette Schulungsprogramm für MS Word.

1.1.1 Erster Band

◆ Einführung in Word, Bedienung und Programmaufbau,

◆ grundlegende Textverarbeitung (Schrift- und Absatzeinstellung),

◆ Text gestalten mit Rahmen, Farbe, Nummerierungen und Aufzählungen,

◆ Tabulatoren und Tabellen, Rechtschreibprüfung, Silbentrennung,

◆ WordArt …

Kursziel: kurze Texte ansprechend gestalten, z.B. einen Geschäftsbrief oder eine Geburtstagseinladung.

1.1.2 Zweiter Band

Textverarbeitung für Fortgeschrittene mit

◆ Formatvorlagen, Kopf- und Fußzeilen, Seitenzahlen,

◆ Fußnoten und Endnoten z.B. für ein Quellenverzeichnis,

◆ Inhaltsverzeichnis, Zeichnen, Grafiken einfügen,

◆ mehr über Tabellen, Suchen und Ersetzen, Visitenkarten,

◆ Serienbriefe und Etiketten erstellen.

Kursziel: längere Texte effektiv bearbeiten und gestalten, z.B. einen Geschäftsbericht oder ein dreispaltiges Rundschreiben.

1.1.3 Dritter Band

Word für Spezialisten:

- Unterschiedliche Kopf- oder Fußzeilen in einem Text,

- Inhaltsverzeichnis anpassen, Index,

- automatische Nummerierung, eigene Wörterbücher,

- rationelles Arbeiten mit Shortcuts, Makros

- Satzgrundlagen und drucktechnisches Standardwissen,

- Lebende Kopfzeilen, umfangreiche Dokumente aufteilen …

Kursziel: Broschüren, Präsentationen oder eine Doktorarbeit mit Index und unterschiedlichen Kopfzeilen perfekt gestalten.

1.1.4 Über diesen Sonderband

In dieser Sonderausgabe über den Seriendruck ist der Stoff zu dem Thema aus Band zwei und drei zusammengefasst und durch zusätzliche Übungen erweitert!

Seriendruck heißt, dass Datensätze aus einer Datenbank automatisch eingefügt und gedruckt (etwa Werbebriefe oder mit Adressen bedruckte Briefumschläge für einen Vereinsrundbrief) oder z.B. als E-Mail versendet werden.

Ein Datensatz ist z.B. eine Adresse oder beinhaltet die gespeicherten Informationen eines Mitgliedes bei einem Verein.

> Die Übungstexte müssen Sie nicht schreiben. Fordern Sie die Übungstexte per E-Mail an:
> ----- post@kamiprint.de   -----
> dabei bitte den bei der Bestellung angegebenen Namen sowie die Plattform, über welche dieses Buch bestellt wurde, angeben.
> Da über das amazon-mail-system können keine Anhänge, also auch keine Übungstexte, gemailt werden, daher direkt per E-Mail melden.

2. Serienbriefe

Angst vor Serienbriefen? Nicht mehr lange. Wir können ein vorhandenes Dokument öffnen, welches anschließend unser Serienbrief werden soll, oder die Seriendruck-Funktion starten und dabei einen neuen Brief erstellen oder auch aus dem Seriendruck-Menü einen vorhandenen Brief auswählen.

2.1 Zur Veranschaulichung

Beim Seriendruck setzen Sie nicht von Hand eine Adresse in einen Brief und drucken diesen, sondern Sie haben einen Brief, in den Adressen automatisch aus einer Datenbank eingefügt werden.

Ob es sich dabei um einen Brief, ein Email oder Briefumschläge handelt, spielt keine Rolle, ebenso ob Sie die Datenbank erst neu erstellen oder eine vorhandene verwenden wollen.

Die Datenbank:

Name	Vorname	Straße
Beispiel	Walter	Allee 31
Müller	Anton	Seestr. 44

Es wird jeweils eine Adresse (=ein Datensatz) in einen Brief gesetzt und gedruckt.
Im Brief stehen Felder (»Name« usw.) als Platzhalter.

Der **Brief** (Hauptdokument)

»Vorname« »Name«
«Straße»

«PLZ» «Ort»

Text ... Text ...

Deshalb sind diese drei Schritte nacheinander auszuführen:

♦ Der eigentliche Serienbrief (oder Briefumschlag etc.),

♦ dann ist die Datenquelle mit den Adressen zu erstellen oder zu öffnen, also mit dem Serienbrief zu verknüpfen.

    ✎ Felder im Hauptdokument geben an, an welcher Stelle welche Daten aus der Datenquelle eingefügt werden sollen,

♦ und zuletzt kann die eigentliche Aktion beliebig oft gestartet werden, bei der jeweils eine Adresse in einen Brief gesetzt und gedruckt wird.

2.2 Brief nach DIN 5008

Damit es übersichtlicher ist, werden wir zuerst einen Übungsbrief erstellen. Da Serienbriefe fast immer geschäftlicher Art sind und in hoher Stückzahl produziert werden, bietet es sich an, einen Brief normgerecht zu entwerfen.

2.2.1 Seite einrichten (Layout/Seite einrichten)

- ♦ In einem neuen Dokument entsprechend der DIN 5008[1] links 2,41 cm, rechts und unten 2 cm Seitenrand einstellen.
  - ✎ Den Briefkopf könnten Sie in der Kopfzeile eintragen, um diesen vor unbeabsichtigten Änderungen zu schützen.
  - ✎ Dann würden Sie bei Layout/Seitenränder-benutzerdefiniert- als oberer Seitenrand 4,5 cm für die Absenderangabe und auf der Karteikarte Layout für die Kopfzeile 1,69 cm eintragen.
  - ✎ Neben dem großen Briefkopf mit 4,5cm Höhe (=Form B) gibt es auch die Form A mit nur 2,7cm, was nur für einen knappen Texteintrag reicht.

- ➢ In der Kopfzeile einen Briefkopf eintragen:
  - ✎ Diese Absenderadresse kann frei gestaltet und auch mit WordArt verschönert werden.
  - ✎ Ergänzen Sie noch ein Logo, z.B. per WordArt.

> Meine Beispiel GmbH
> Industriestr. 1
> 11333 Großstadt
> www.meinebeispiel.de
> email@meinebeispiel.de

2.2.2 Die Anschrift

Die Anschrift mit der Absenderangabe sollte gut in das Sichtfenster passen, wobei bei geschäftlichen Seriendruck-Dokumenten zu beachten ist, dass in der Regel viele Adressen mit zusätzlichen Zeilen wie z. Hd. oder Abteilung auftreten. Darum eher oben im Briefumschlag-Sichtfenster beginnen und keine zu große Schrift wählen.

- ♦ Nach der DIN-Norm sollten die Adresszeile bei 4,5 cm vom oberen Papierrand beginnen und darf bis maximal 9 cm gehen. Die Breite darf 8,5 cm nicht übersteigen.

- ♦ Mit kleiner Schrift und Trennlinie die Absenderadresse über dem Bereich für die Adresse, damit der Brief ggf. zurückkommt.

Die korrekte Anschrift:

An eine Person:	An eine Firma:
1. Vermerke, z.B. Persönlich	1. Vermerke und Zusätze, z.B. Persönlich
2. Vermerke, z.B. Persönlich	2. Vermerke und Zusätze, z.B. Persönlich
3. z.B. Einschreiben	3. Versendungsform, z.B. per Einschreiben
4.	4. Firma
5. Anrede, Titel	5. Anrede
6. Vorname Name	6. Ansprechpartner
7. Straße	7. Straße, Postfach
8. PLZ und Ort	8. PLZ und Ort
9. Land	9. Land

---

[1] eine ausführliche Beschreibung finden Sie z.B. bei www.wikipedia.de, dort nach „DIN 5008" suchen.

2.2.3 Ein Musterbrief

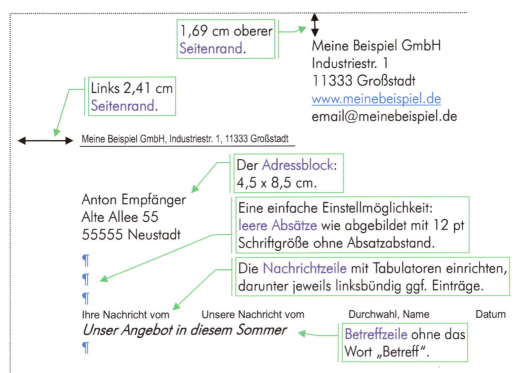

> ➤ Nach der Nachrichtenzeile folgt die Betreffzeile, jedoch wird das Wort Betreff aktuell nicht mehr hingeschrieben.

> ➤ Vor dem Brieftext die Anrede „Sehr geehrte Damen, sehr geehrte Herren," und am Ende „Mit freundlichen Grüßen" schreiben.

> ↳ Besser als diese unpersönliche Anrede ist natürlich: „Sehr geehrter Herr Anton Empfänger". Solche differenzierten Anreden folgten bei den Abfragebedingungen für Serienbriefe im dritten Band.

Sehr geehrte Damen,
sehr geehrte Herren,
¶

Hier beginnt der Brieftext.

> ➤ Unten in der Fußzeile, bei einem Geschäftsbrief noch einmal einige Angaben inklusive der Bankverbindung eintragen.

> ↳ Mit einem zentrierten und einem rechtsbündigen Tabulator lässt sich alles wie abgebildet anordnen.

Tel.: 111 12345678-12	Meine Bank	Geschäftsführung: Anton Beispiel
Fax: 111 12345678-9	Konto-Nr. 11111	AG München HRB 11111
email@meinebeispiel.de	BLZ 111 111 11	USt-IdNr. DE0000 111 111
www.meinebeispiel.de	IBAN: 1234 1234 1234 1234 1234 12	Steuer-Nr. 345/234XX

Normalerweise würden Sie diesen Brief in einen Ordner „Briefe" speichern, dann später diesen Brief öffnen, anpassen und mit Datei/Speichern unter unter einem passenden Dateinamen speichern. Das ist praktischer als eine Dokumentvorlage zu erstellen.

> ➤ Speichern Sie diesen Brief, dabei einen neuen Übungsordner „Übungen Seriendruck" erstellen und dorthin als Serienbrief-Übung speichern.

2.3 Die Datenquelle erstellen

Beginnen wir, den Brief zu einem Seriendruck-Dokument umzuwandeln.

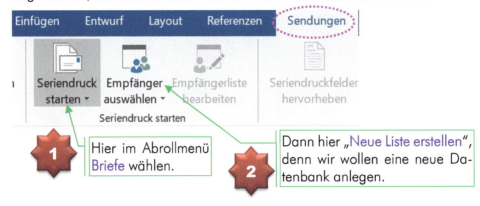

- ◆ Sie sehen in der Abrollliste, dass auch Emails, Briefumschläge, Etiketten usw. als Seriendokumente erstellt werden können, z.B. um Adressen direkt auf Briefumschläge aufzudrucken.

- ◆ Statt eine neue Datenliste anzulegen, könnten Sie alternativ eine bereits existierende Datenbank als Datenquelle auswählen.

Ein Eingabefenster für die ersten Daten wird angezeigt:

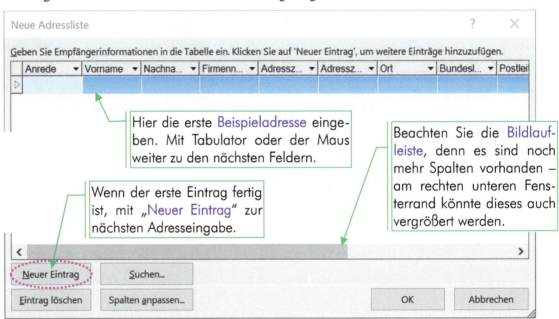

Tragen Sie z.B. diese drei Beispieladressen ein:

Nachname	Vorname	Anrede	Adresszeile 1	PLZ	Ort	Tel beruflich
Mustermann	Walter	Herr	Allee 24	23412	Nürlich	345 34 35 34 35
Müller	Antonia	Frau	Bäckerstr. 32	8888	Brezen	
Otto	Ottoman	Herr	Hauptstr. 1	121212	Irgendwo	

Damit es nicht zu viel am Anfang wird, verwenden wir die vorgegebenen Felder. Später auf Seite 15 wird erläutert, wie Felder umbenannt, gelöscht oder neue Felder ergänzt werden können.

2.3.1 Datenbank speichern

Wenn Sie „Schließen" drücken, wird automatisch die Datenbank gespeichert.

➢ Das Fenster zum Speichern erscheint, speichern Sie die Datenbank in unserem Übungsordner Briefe mit dem Dateinamen Adressenliste.

2.4 Datenquelle bearbeiten

Wir sollten nun üben, wie die Datenbank wieder geöffnet werden kann, um weitere Datensätze aufzunehmen oder Fehler zu korrigieren.

♦ Die Datenbank wird zwar im MS Access-Format mdb gespeichert, kann aber trotzdem im MS Word weiterbearbeitet werden.

➢ Wählen Sie „Empfängerliste bearbeiten",

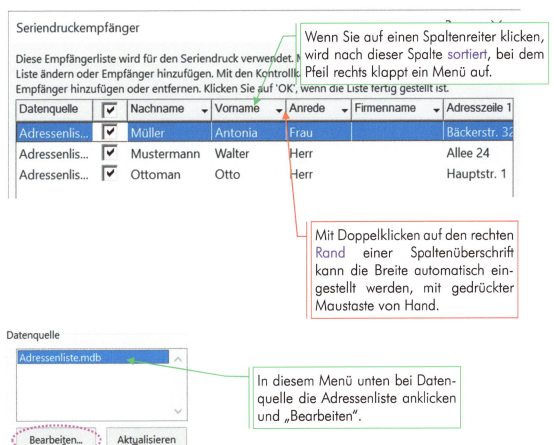

➢ Tragen Sie zur Übung weitere Adressen ein:

Jede Zeile ist ein Datensatz.

Die Spaltenüberschrift ist der Feldname.

Nachname	Vorname	Anrede	Adresszeile 1	Plz	Ort	Tel beruflich
Beispiel	Anton	Herr Dr.	Schnapstr. 33	43555	Bräustedt	445 33 22
Müller	Mark	Herr	Ballweg 56	34566	Ballen	23 42 33 33
Hedwig	Helga	Frau	Waldweg 45	89333	Walden	23 33 45 77

2.4.1 Neue Felder und Felder bearbeiten

➢ Im vorigen Menü können Sie nicht nur neue Felder ergänzen, sondern bei „Spalten anpassen" auch bestehende umbenennen, löschen oder die Reihenfolge optimieren:

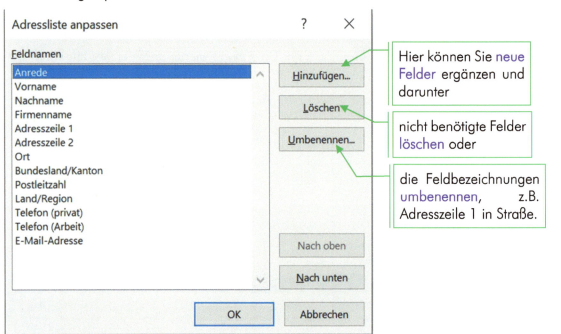

Hier können Sie neue Felder ergänzen und darunter

nicht benötigte Felder löschen oder

die Feldbezeichnungen umbenennen, z.B. Adresszeile 1 in Straße.

➢ Nach Anrede ein neues Feld Titel ergänzen und Adresszeile 1 in Straße, Adresszeile 2 in Nr. (ein Punkt geht als Feldname nicht!) umbenennen.

➢ Ändern Sie die Reihenfolge der Felder sinnvoll, z.B. Nachnahme zuerst, dann Anrede, Titel, Vorname usw.

Notizen: ....

....

....

....

....

....

....

....

....

....

....

....

....

....

3. Serienbrief fertigstellen

Anschließend können Sie zu dem Serienbrief zurückkehren und den Serienbrief einrichten. Dabei hilft Word, in dem z.B. der Adressblock oder die Anrede komplett fertig formatiert eingefügt werden kann.

➤ Zuerst den Cursor an die gewünschte Position setzen, dann können Sie

    ✍ einen vorgefertigten Adressblock

    ✍ oder eine Grußzeile (Sehr geehrte ...) auswählen

    ✍ oder die Felder für die Anschrift selbst passend anordnen (Serien-druckfeld einfügen).

Der Adressblock:

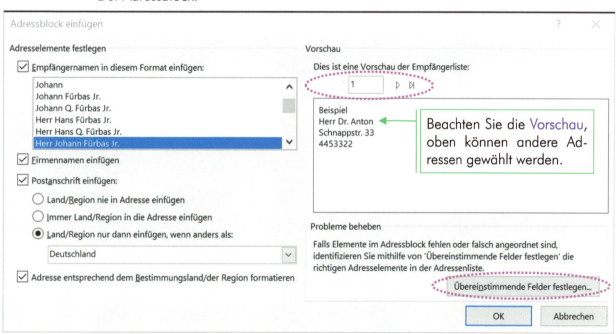

Egal welche Voreinstellung Sie links wählen, die fertigen Adressblöcke sind nicht immer optimal, daher üben wir jetzt, die Adresse selbst zu setzen.

➤ Wählen Sie Adressblock/Übereinstimmende Felder wählen.

➤ Wie auf der nächsten Seite abgebildet, müssen Sie rechts die richtigen Felder auswählen, damit die Adresse richtig angezeigt wird.

Die Felder müssen passend angegeben werden:

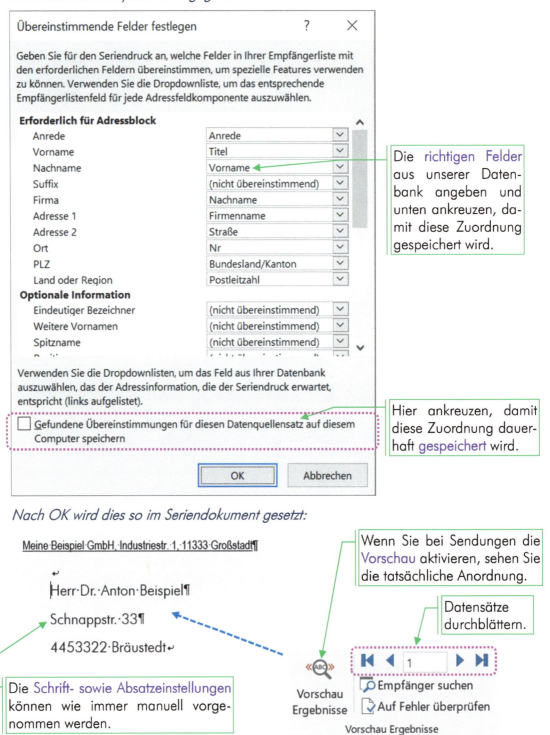

Nach OK wird dies so im Seriendokument gesetzt:

> ➤ Formatieren Sie: PLZ und Ort fett mit 14 pt Schriftgröße.

Bei dem fertigen Adressblock und der Grußzeile sind folglich einige Einstellungen erforderlich, bis alles wie gewünscht passt, so dass es in der Regel einfacher ist, die Adresse von Hand zusammenzustellen.

> ➤ Natürlich können Sie zum Vergleich und zur Übung den Adressblock einfügen und darunter noch einmal, wie im Folgenden erläutert, die Felder von Hand anordnen.

3.1 Adresse einrichten und Felder

Der Adressblock spart also nicht unbedingt Arbeit, es ist oft einfacher, eine Adresse von Hand zusammenzustellen. Außerdem können auf diese Art alle vorhandenen Daten im Seriendokument an beliebigen Stellen verwendet werden, um z.B. nachzufragen, ob eine Telefonnummer noch stimmt.

Adressblocks löschen und eine Adresse von Hand zusammenstellen:

➢ Das Seriendruck-Fenster mit dem X-Symbol schließen, eingefügte Adresse löschen, dann den Cursor an die Adressen-Position in dem Brief setzen.

➢ Drücken Sie das Symbol „Seriendruckfeld" (oder „Weitere Elemente" aus dem Assistenten), dann das erste Feld «Vorname» auswählen.

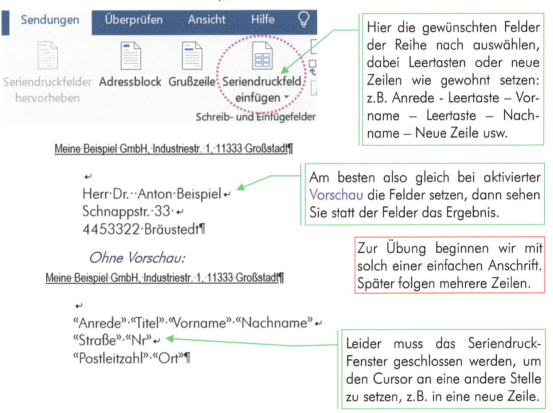

Hier die gewünschten Felder der Reihe nach auswählen, dabei Leertasten oder neue Zeilen wie gewohnt setzen: z.B. Anrede - Leertaste – Vorname – Leertaste – Nachname – Neue Zeile usw.

Am besten also gleich bei aktivierter Vorschau die Felder setzen, dann sehen Sie statt der Felder das Ergebnis.

Zur Übung beginnen wir mit solch einer einfachen Anschrift. Später folgen mehrere Zeilen.

Leider muss das Seriendruck-Fenster geschlossen werden, um den Cursor an eine andere Stelle zu setzen, z.B. in eine neue Zeile.

3.1.1 Wissenswertes über Felder

♦ Felder, z.B. «Nachname»: Sie müssen die Felder lediglich so setzten, als wenn es eine richtige Adresse wäre.

♦ Sie können Felder wie ganz normalen Text behandeln, also markieren, formatieren oder sogar ausschneiden und anderswo wieder einfügen.

    ✎ Wichtig ist nur, dass Sie immer die «»-Feldzeichen mitnehmen.

♦ Wenn Sie ein Feld markieren, z.B. »Postleitzahl«, und eine größere Schrift einstellen, gilt dies für alle Postleitzahlen der Serienbriefe.

Felder sind Platzhalter: in das Feld Nachname wird jeweils der Nachname aus der Datenbank eingefügt, in Straße die Straße usw. Eine zusammengehörende Adresse ist ein Datensatz.

3.2 Seriendruck starten

Abschließend bleibt nur übrig, den Seriendruck auszuführen. Dabei wird jeweils eine Adresse in einen Brief eingefügt und gedruckt, automatisch folgt die nächste Adresse usw. (=Verbinden der Adressen mit dem Brief).

➢ Als erstes immer mit der Vorschaufunktion prüfen. Dabei mindestens einige Adressen durchgehen.

➢ Dann den Seriendruck starten, am besten mit „einzelne Dokumente bearbeiten" in ein neues, normales Word-Dokument, dass Sie sich anschließend zur Kontrolle vor dem Ausdruck ansehen können.

↳ Das ist auch eine praktische Methode, um nur bestimmte Adressen auszudrucken. Diese Seiten suchen und im Druckmenü die Seitenzahlen eintragen.

↳ Sie können dieses neue Seriendruckdokument auch speichern, um ggf. später erneut einzelne Briefe hieraus zu drucken.

♦ Einzelne Dokumente bearbeiten…:

↳ Es wird nicht gedruckt, sondern ein neuer Text erzeugt, den Sie sich zur Überprüfung anschauen können.

↳ Nicht hier korrigieren, sondern immer im Original-Brief, danach den Seriendruck neu starten.

↳ Dieses Dokument soll daher in der Regel auch nicht gespeichert werden, da Sie dieses jederzeit wieder neu erstellen können.

| Gut zur Kontrolle, weil immer wieder Fehler auffallen. |

♦ Dokumente drucken: jeder Serienbrief wird sofort gedruckt.

↳ Meistens stellen Sie nach dreißig Seiten einige unmögliche Fehler fest und fangen von vorne an, so dass Sie länger brauchen, als wenn Sie zuerst zur Kontrolle in ein Dokument drucken würden.

♦ Bei der letzten Option, E-Mail-Nachrichten senden…,

↳ würden statt Serienbriefen Serienemails erzeugt,

↳ wobei in der Datenquelle natürlich E-Mail-Adressen eingetragen und im folgenden Fenster bei „Zu" ausgewählt sein müssen.

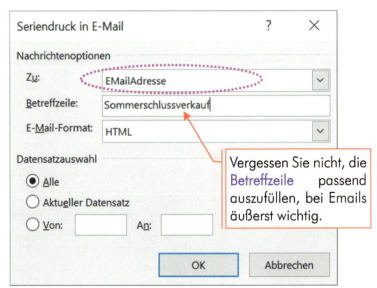

3.3 Tipps für große Serienbrief-Aktionen

Zur Korrektur:

- ◆ Nicht nur die Vorschau am Bildschirm begutachten, sondern drucken Sie mindestens einen Datensatz aus.

  - ✎ Diesen Ausdruck gründlich korrigieren, denn die Frustration und der Zeitverlust sind riesengroß, wenn Hunderte Serienbriefe gedruckt wurden, die wegen kleiner Fehler zum Altpapier wandern müssen!

> Immer anhand eines scharfen Ausdrucks auf Papier mit Zeit korrigieren. Die Anzeige am Bildschirm ist deutlich schlechter, so dass Fehler übersehen werden, die am Papierausdruck sofort auffallen!

- ◆ Es darf nie die Person allein Korrektur lesen, die den Brief erstellt hat.

  - ✎ Mindestens eine, am besten zwei andere Personen, sollten ohne Zeitdruck Korrektur lesen.

  - ✎ Eigene Fehler werden meist übersehen, egal wie oft der Text gelesen wird!

Zum Druck:

- ◆ Besonders wenn Sie Bilder oder Linien verwendet haben, kann der Ausdruck sehr lange dauern.

  - ✎ Wenn der Rechner zwanzig Minuten druckt, dann abstürzt, fängt das mühevolle Suchen an, welche Adresse als letzte gedruckt wurde.

- ◆ Das geht etwas einfacher, wenn Sie in Etappen und sortiert in ein neues Dokument drucken (z.B. PLZ von 80000 bis 85000).

Wie geht das?

- ◆ Die einfachste Methode ist, in ein neues Dokument zu drucken, dieses zu speichern und dann beim Ausdruck die gewünschten Seitenzahlen einzutragen.

  - ✎ In diesem Dokument können im Fall des Falles die bereits gedruckten Briefe gelöscht werden.

- ◆ Ein anderer Weg geht über die Filter, die im dritten Band zu MS Word sowie hier in der Sonderausgabe zu Serienbriefen und Etiketten erläutert werden.

Ernstfall simulieren:

Beim Senden als E-Mail wird das Format in das HTML Format umgewandelt, d.h. es kann sich durchaus etwas verschieben oder ändern. Fast nichts ist eine größere Katastrophe, als Kunden oder Geschäftspartnern fehlerhafte Nachrichten zu mailen, besonders wenn dies mehrere hundert oder tausende wären.

> Wenn Sie Ihren Rechner vom Internet trennen (WLAN-Verbindung trennen, Router ausschalten oder Netzwerkkabel abziehen), können Sie die Serien-Emails ganz real erstellen lassen, aber da nichts verschickt werden kann, können Sie diese noch einmal in Ruhe prüfen.

3.4 Datenbank als MS Word Tabelle

Falls Sie lieber eine Datenbank als normale Tabelle in einem MS Word Dokument wünschen, wie dies bei vorherigen Word-Versionen der Fall war, ist dies auch noch mit folgendem Trick möglich.

> ➢ Wählen Sie „Neues Dokument". Erstellen Sie in diesem neuen Dokument eine Tabelle.
>
> > ✎ In dieser Tabelle werden in die erste Zeile die Spaltenüberschriften eingetragen. Das sind später die Feldnamen.
> >
> > ✎ Wichtig: es darf nur diese Tabelle vorhanden sein, keine Absätze vor der Tabelle!

Bereits existierende MS Word-Datentabelle übernehmen:

Wenn die Datentabelle bereits erstellt ist, können Sie diese auch in dem Seriendruck-Assistenten oder bei einem existierenden Seriendokument mit der abgebildeten Schaltfläche auswählen.

Empfänger
auswählen ▾

Bearbeiten einer Word-Datentabelle:

Wenn Sie ein Word-Dokument mit Tabelle als Datenquelle verwenden, können Sie dieses im Word leichter bearbeiten oder ausdrucken.

- ♦ Zum Bearbeiten einer Word-Datentabelle einfach dieses Dokument öffnen. In dieser Tabelle können Sie wie in jeder anderen Tabelle arbeiten:

  - ✎ neue Zeilen (=Datensätze) ergänzen,

  - ✎ Zeilen löschen, Daten ändern usw.

  - ✎ Damit die Tabelle schöner wird und eventuell ausgedruckt werden kann, können Sie sogar alle Tabellentools verwenden.

- ♦ Wenn Sie eine neue Spalte, in der Datenbanksprache also ein neues Feld einfügen, müssen Sie lediglich daran denken, in die erste Zeile den Namen des neuen Feldes zu schreiben.

- ♦ Sie können auch Feldnamen (=Spaltenüberschriften) ändern.

  - ✎ Ist das Feld bereits in einem Dokument verwendet, dort den alten Feldnamen löschen und neu einfügen.

- ♦ Zum Ausdrucken bietet sich DIN A4 Querformat an, was bei Seitenlayout-Orientierung gewählt werden kann.

Notizen: ....

....

....

....

....

....

4. Etiketten erstellen

♦ Bei dem Serienbrief haben wir einen Datensatz mit einem Brief zusammengefügt.

> ✎ Für Etiketten werden die Datensätze nur anders zusammengestellt, und zwar genau passend auf die Etiketten-Aufkleber.

♦ Weil im Word fast alle handelsüblichen Etiketten-Formate bereits gespeichert sind, brauchen Sie im Regelfall nur den von Ihnen verwendeten Etiketten-Typ anzugeben.

> ✎ Die umständliche Arbeit, den Ausdruck an die Etiketten anzupassen, entfällt damit.

4.1 Mit dem Seriendruck-Assistent

Wir wollen jeweils eine Adresse aus unserer Datenbank auf ein Etikett setzen und beginnen darum diesmal mit dem Seriendruck-Assistent.

> ➢ Beginnen Sie ein neues, leeres Dokument.

> ➢ Starten Sie auf der Karteikarte Sendungen bei Seriendruck starten ganz unten in der Abrollliste den „Seriendruck-Assistent mit Schritt-für-Schritt-Anweisungen".

> Wählen Sie diesmal Etiketten.

> ➢ Nach Weiter können Sie bei „Etikettenoptionen" das Etikettenformular wählen:

Dokumentlayout ändern

Klicken Sie auf Etikettenoptionen, um eine Etikettengröße zu wählen.

🗋 Etikettenoptionen...

Seriendruck ▾ ✕

Wählen Sie einen Dokumenttyp

Welche Art von Dokument möchten Sie erstellen?

- ⦿ Briefe
- ○ E-Mail-Nachrichten
- ○ Umschläge
- ○ Etiketten
- ○ Verzeichnis

Briefe

Senden Sie Briefe an eine Gruppe von Personen. Sie können jeden Brief individuell anpassen.

Klicken Sie auf 'Weiter', um den Vorgang fortzusetze

Schritt 1 von 6

➔ Weiter: Dokument wird gestartet

4.2 Etikettenformat wählen

In dem folgenden Menü bei Etikettenoptionen können Sie von fast allen Etikettenherstellern die Etikettenformate auswählen. Damit ist das Etikettenformular bereits perfekt eingerichtet.

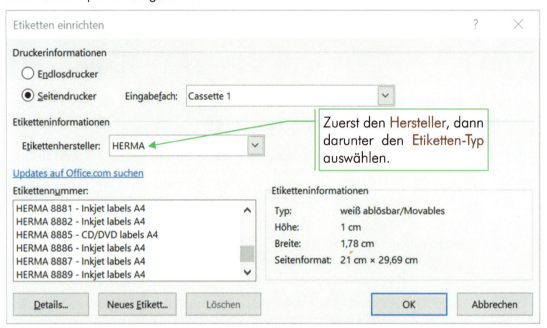

- Bei Details können Sie sich die Etikettenmaße zur Überprüfung anzeigen lassen. In diesem Menü könnten die Maße auch geändert werden.

- Bei „Neues Etikett" kann ein Format von Hand eingestellt werden. Das ist mit sehr viel Arbeit verbunden!

4.3 Die Datenquelle wählen

➤ Wir wollen unsere in der letzten Übung erstellte Datenquelle verwenden, darum nach „Weiter…" „Vorhandene Liste verwenden"

➤ und mit Durchsuchen die bei der vorigen Serienbrief-Übung erstellte Datenbank auswählen und alle Daten bestätigen

    ↳ Über die Häkchen könnten Sie gezielt Adressen auswählen, falls nicht alle gewünscht sind.

➤ Nach „Weiter…" können die Adressen auf die Etiketten gesetzt werden.

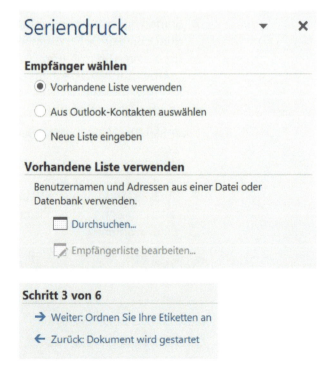

Das Dokument einrichten:

➢ Fügen Sie schon einmal beim ersten Etikett den Adressblock ein (die Anordnung der Felder bei „Übereinstimmende Felder festlegen" korrigieren).

➢ Damit auf jedem Etikett die nächste Adresse gedruckt wird, ist die Schaltfläche „Alle Etiketten aktualisieren" zu drücken.

   ↳ Mit dieser Schaltfläche können Sie auch Formatierungen oder Änderungen der Feldzusammenstellung auf alle anderen Etiketten übertragen.

➢ Mittels der Vorschau (Weiter…) überprüfen und dann zunächst in ein neues Dokument ausdrucken.

So muss es werden. Im ersten Feld „Adressblock", in den nächsten „Nächster Datensatz" und „Adressblock", damit die nächste Adresse gedruckt wird:

Seriendruck

Ordnen Sie Ihre Etiketten an

Wenn noch nicht geschehen, erstellen Sie jetzt das Layout für Ihre Etiketten mithilfe des ersten Etiketts auf dem Blatt.

Um Ihrem Etikett Empfängerinformationen hinzuzufügen, klicken Sie in Ihr erstes Etikett und dann auf eines der Elemente unten.

📄 Adressblock…

📄 Grußzeile…

📧 Elektronisches Porto…

▦ Weitere Elemente…

Nachdem Sie Ihr Etikett erstellt haben, klicken Sie auf "Weiter". Dann wird eine Vorschau angezeigt, und Sie können jedes Etikett individuell personalisieren.

Etiketten replizieren

Sie können das Layout des ersten Etiketts auf die anderen Etiketten auf der Seite übertragen, indem Sie auf die Schaltfläche unten klicken.

Alle Etiketten aktualisieren

««Addresse»»	«Nächster Datensatz» ««Addresse»»	«Nächster Datensatz» « « Addresse »»
«Nächster Datensatz» « « Addresse »»	«Nächster Datensatz» « « Addresse »»	«Nächster Datensatz» « « Addresse »»
«Nächster Datensatz» « « Addresse »»	«Nächster Datensatz» « « Addresse »»	«Nächster Datensatz» « « Addresse »»

➢ Jetzt ist das Etikett eingerichtet und Sie können das Etikettenblatt ausdrucken oder speichern.

4.4 Etiketten speichern

> Mit „Zurück…" können Sie jederzeit zurückgehen und Änderungen vornehmen oder den Adressblock anders formatieren, z.B. zentriert oder einen oberen Absatzabstand einfügen.

Wenn alles perfekt eingestellt ist, sollte die Arbeit gespeichert werden:

> Dafür ganz normal speichern wählen.

  ↳ Nicht einen Ausdruck in Datei speichern, da Sie diesen jederzeit neu erstellen können, sondern das Etikettenblatt!

  ↳ Vergeben Sie als Dateinamen zweckmäßigerweise die Nummer des Etiketts, z.B. Zweckform E2922.

  ↳ Wenn Sie alle Etiketten in einen Ordner zusammen speichern, finden Sie diese ohne Probleme wieder.

Damit brauchen Sie die Etiketten nicht jedes Mal neu einzurichten, sondern nur die gespeicherte Datei aufzurufen.

4.5 Umschläge und einzelne Etiketten

Bisher haben wir den Seriendruck behandelt. Seriendruck erspart sehr viel Arbeit z.B. bei Rundschreiben an alle Vereinsmitglieder oder um Werbesendungen zu erstellen.

4.5.1 Umschlag oder Etikett

Manchmal soll nur ein einzelner Brief gedruckt werden, etwa an ein gerade neu aufgenommenes Vereinsmitglied.

♦ entweder einen Briefumschlag mit Sichtfenster verwenden und Ihre Absenderadresse ganz klein über die Adresse setzen, wie wir es bei unserem Übungsbrief gemacht haben, oder

♦ einzelne Etiketten, bzw. einen einzelnen Briefumschlag bedrucken, ohne die Adresse doppelt schreiben zu müssen. Gut für Umschläge ohne Sichtfenster.

4.5.2 Eine Adresse auswählen

♦ Bei der Karteikarte Sendungen kommen Sie jederzeit wieder zu den Seriendruck-Befehlen.

Empfängerliste bearbeiten

♦ Sie können bei „Empfängerliste bearbeiten" nur den gewünschten Datensatz ankreuzen:

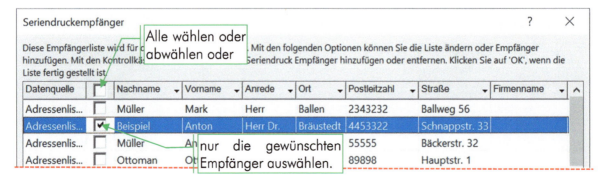

Fertig stellen und zusammenführen ·

Fertig stellen

- ♦ Bei „Fertig stellen…/Dokumente drucken" kann auch gewählt werden, welche Datensatz gedruckt werden sollen.

Wenn Sie ein Etikett nicht oben links drucken wollen, um z.B. einen Etikettenbogen nach und nach zu verbrauchen, in der Vorschau einfach die Adresse ausschneiden und an die gewünschte Etikettenposition einfügen.

Aktueller Datensatz oder einen Bereich angeben.

4.6 Briefumschläge

4.6.1 Briefumschlag in Handarbeit

Die einfache Lösung aus der Praxis für bedruckte Briefumschläge ist es, den Briefumschlag als normale Datei einzurichten:

- ♦ z.B. Papierformat DIN Lang für Umschläge mit 220 mm Länge ohne Sichtfenster, die Adresse in ein Textfeld (Einfügen-Formen) setzen, damit diese leicht verschoben werden kann oder den Adressabsatz an die gewünschte Position einrücken.

- ♦ Voreingestellte Briefe finden Sie auch mit Datei/Neu und dann nach „Umschläge" suchen.

- ♦ Die Adresse wird aus dem Brief kopiert und in den Briefumschlag eingefügt, dann ggf. den Umschlag für die spätere Verwendung mit „Speichern unter" in einem eigenen Ordner „Briefumschläge" speichern.

  - ✎ Genauso können Sie ein so eingerichtetes Briefumschlagsdokument statt mit einer konkreten Adresse mit Seriendruckfeldern ausstatten, um direkt aus der Datenbank Umschläge zu bedrucken.

4.6.2 Die Briefumschlag-Druckfunktion

Statt der zuvor beschriebenen Handarbeit gibt es diese Word-Funktion:

- ➢ Sie könnten zuerst einen fertigen Brief öffnen und dort die Adresse markieren und kopieren,

- ➢ dann auf der Karteikarte Sendungen Umschläge wählen und in dem folgenden Menü die zuvor kopierte Adresse einfügen.

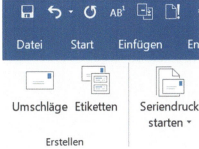

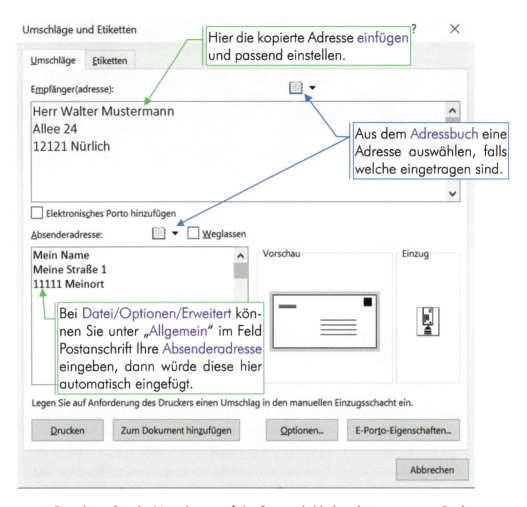

- Beachten Sie die Vorschau, auf die Sie auch klicken können, um z.B. die Lage des Adressfeldes beim Ausdruck in einem Menü anzugeben.

- Bei Optionen können diverse Briefumschläge und Etikettenformate ausgewählt werden.

- Karteikarte Umschläge für Briefumschläge, für Etiketten zur Karteikarte Etiketten wechseln oder gleich die Schaltfläche Etiketten:

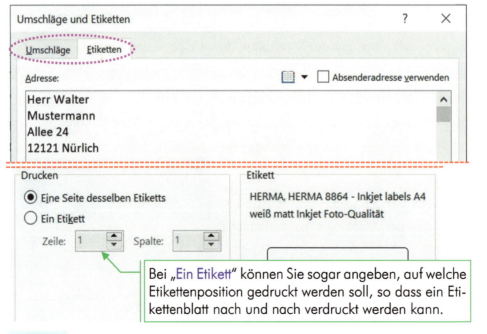

4.7 Visitenkarten drucken

Wenn schon Etiketten gedruckt werden können, ist es ebenso möglich, Visitenkarten zu erstellen. Die grafischen Möglichkeiten von Word sind hierbei erstaunlich.

Mit farbig vorgedruckten Visitenkarten lassen sich perfekte Karten erstellen, die durch Perforierung leicht herausgetrennt werden können. Falls keine Vorlage vorhanden ist, messen Sie die Karten und nehmen möglichst ähnliche Etiketten, vor allem mit gleicher Höhe.

> ➢ Beginnen Sie ein neues, leeres Dokument.

> ➢ Die einfachste Möglichkeit, solche Karten zu bedrucken, ist der vorhin besprochene Befehl bei Sendungen-Umschläge:

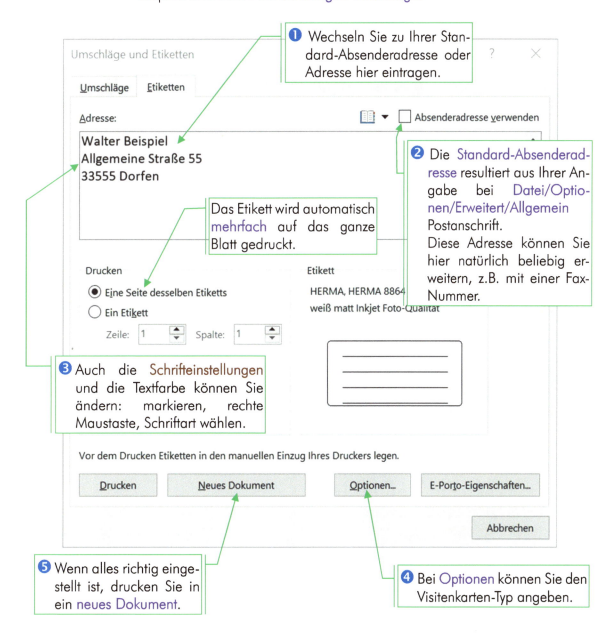

Sie erhalten einen Text, den Sie speichern und abschließend schön formatieren können, wie es im nächsten Abschnitt beschrieben wird.

4.7.1 Visitenkarten gestalten

Größe anpassen:

Bei den vorgefertigten Karten brauchen Sie wieder nur den Typ anzugeben. Schneiden Sie sich Karten selbst oder ist der Typ nicht vorhanden, entweder einen geeigneten Standard-Typ wählen oder das Etikett manuell einstellen.

Sie erhalten eine Tabelle, gefüllt mit Ihren Daten. Mit den Tabellenbefehlen können Sie das Format nachträglich sehr einfach anpassen.

➢ Probeausdruck auf Schmierpapier anfertigen und über das Visitenkarten-Papier legen.

Passen Sie die Spalten und Zeilen der Tabelle so lange von Hand an, bis alles passt:

➢ Zeile oder Spalte markieren, rechte Maustaste und bei Tabelleneigenschaften einen genauen Wert eintragen. Probeausdrucke systematisch vergleichen, damit Sie sich immer mehr dem Original annähern.

➢ Wenn die Tabellengröße für Ihr Visitenkarten-Papier passt, können Sie diese als Vorlage für weitere Arbeiten speichern.

➢ Wollen Sie eine neue Visitenkarte erstellen, darauf zurückgreifen und nur den Eintrag, z.B. eine neue Telefonnummer, mit dem Befehl Ersetzen bei Start, austauschen.

Design verändern:

Als zweites sollte nun der Text der Visitenkarte optimiert werden. Der Weg, die Etikettenvorlage neu zu erstellen, ist viel umständlicher als folgender:

➢ Das erste Etikett ansprechend gestalten:

   ↳ Verwenden Sie alle Ihre Kenntnisse, z.B. Schriftgröße, -farbe, kursiv oder fett, Text invertiert oder mit WordArt verschönern, Kapitälchen, gesperrt, Zeilenabstand, Sonderzeichen, Grafikelemente wie Linien oder Dreiecke usw.

➢ Abschließend dieses eine Etikett markieren, mit [Strg]-c kopieren und in die anderen Felder mit [Strg]-v einfügen.

Erst kopieren, wenn wirklich alles passt! Das stellt sich nur nach einem Probeausdruck heraus.

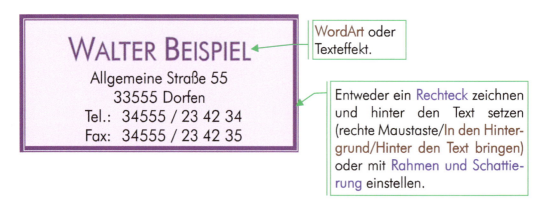

WALTER BEISPIEL
Allgemeine Straße 55
33555 Dorfen
Tel.: 34555 / 23 42 34
Fax: 34555 / 23 42 35

WordArt oder Texteffekt.

Entweder ein Rechteck zeichnen und hinter den Text setzen (rechte Maustaste/In den Hintergrund/Hinter den Text bringen) oder mit Rahmen und Schattierung einstellen.

5. Serienbrief Spezial

Serienbriefe wurden bereits im zweiten Band erläutert. Jetzt werden wir Serienbriefe mit Abfrage-Bedingungen und Berechnungen perfektionieren.

♦ Mit Abfrage-Bedingungen können Serienbriefe individuell gestaltet und den Eigenheiten der deutschen Sprache angepasst werden.

    ↪ Zum Beispiel kann eingegeben werden, dass „Herr" zu „Herrn" erweitert wird.

    ↪ Oder es kann bestimmt werden, dass eine spezielle Rechnungsanschrift eingesetzt wird. Wenn keine Rechnungsadresse vorhanden ist, erscheint weiterhin die übliche Adresse im Briefkopf.

Word bewegt sich hier in einem Grenzbereich zu Datenbankprogrammen. Und deshalb müssen Sie abwägen, ob es nicht von vornherein günstiger wäre, ein Datenbankprogramm zu verwenden. Eine Entscheidungshilfe:

WORD	DATENBANK, Z.B. ACCESS
Einfache Bedienung der Textbearbeitung und gute Gestaltungsmöglichkeit für die Serienbriefe (WordArt, Zeichnen).	Eingeschränkte Textbearbeitung, aber Serienbriefe können mit Grafikelementen und Berechnungen erstellt werden.
Keine doppelte Einarbeitung in zwei Programme.	Zusätzlich Kenntnisse im Datenbankprogramm erforderlich.
Bei großen Datenmengen zu langsam.	Für große Datenmengen ausgelegt.
Die Daten können nicht auf mehrere kleine Datenbänke verteilt werden.	Relationale Datenbank: mehrere kleine Datenbanken werden miteinander verknüpft.

♦ Word ist für Textbearbeitung bei begrenztem Datenbestand geeignet, z.B. für die Rundschreiben oder Werbebriefe in einem Verein oder in einer kleineren Firma.

♦ Wenn Sie jedoch größere Datenmengen (über 10.000 Datensätze) zu verwalten haben, stößt Word an die Grenzen, ebenso wie einfache Datenbankprogramme ohne die Möglichkeit relationaler Datenbanken.

Trotzdem werden Sie staunen, was im Word möglich ist.

5.1 Serienbrief erstellen

Die beste Übung für die Praxis ist eine Übung aus der Praxis: Erstellen wir eine Rechnung als Serienbrief.

Warum überhaupt eine Rechnung, ein einzelnes Blatt, als Serienbrief?

- ◆ Damit die Anschrift nicht neu geschrieben werden muss.
- ◆ Wenn bei diesem Serienbrief weitere Seiten angefügt werden (eine Seite Lieferschein, eine Seite für ein neues Bestellformular), kann die Rechnung kopiert und angepasst werden.
  - ✍ So braucht die Adresse nicht mehrmals geschrieben oder kopiert zu werden, sondern es reicht, einmal die Kundennummer als Abfrage-Bedingung einzutragen, fertig sind alle erforderlichen Dokumente.

Außerdem müssen wir nicht wissen, ob nun gerade bei diesem Kunden eine andere Rechnungsanschrift existiert, denn wenn dies in der Datenbank richtig eingestellt ist, wird automatisch die Rechnungsanschrift eingetragen, sofern eine vorhanden ist.

- ➢ Öffnen Sie den Text Rechnung-Uebung.doc. Die SQL-Warnung mit ja bestätigen und gleich als Kopie in Ihren Übungsordner speichern.

> SQL bedeutet „structured query language", eine Programmiersprache für die Arbeit mit Datenbanken, die seit 1986 von ANSI und 1987 von ISO als Standarddatenbanksprache deklariert wurde.

5.2 Adresse in einem Textfeld

Wir fangen mit dem Lieferschein an. Wir könnten nun bei der Adresse die Seriendruckfelder für die Anschrift eintragen.

- ◆ Problem: wenn eine Zeile leer bleibt oder eine Anschrift besonders lang ist, verschiebt sich der restliche Text. Das kann ein längeres Seriendruck-Dokument total durcheinanderbringen.
- ◆ Um das zu vermeiden, setzten wir die Adresse in ein Textfeld.
  - ✍ Die Größe dieses Textfeldes ist fest vorgegeben.
  - ✍ Dadurch ist gewährleistet, dass der restliche Text von der Zeilenzahl in der Anschrift unabhängig bleibt.

Unbeabsichtigte Leerseiten oder unpassende Seitenaufteilung werden so sicher verhindert.

- ➢ Zuerst mit Datei/Speichern unter die Vorlage in Ihren Übungsordner speichern, dabei sicherheitshalber auch den Dateinamen ändern, z.B. in Rechnung – meine Übung, um Verwechslungen zu vermeiden.
- ➢ Fügen Sie unter der Kopfzeile ein Textfeld für die Adresse ein (Einfügen/Textfeld) und stellen Sie dieses ein: Textumbruch oben und unten, Position auf der Seite fixieren und die Linie ausschalten (Keine Kontur).

5.3 Zum Seriendruck-Dokument

Jetzt muss unser Text zu einem Seriendruck-Dokument erweitert werden. Das kennen Sie bereits aus Band 2:

➢ Damit die Beispiel-Datenbank nicht verändert wird, diese vorher sicherheitshalber in Ihren Übungsordner kopieren,

➢ dann auf der Karteikarte Sendungen bei Empfänger auswählen/vorhandene Liste verwenden als Datenquelle aus Ihrem Übungsordner die Datenbank Musterkunden.doc öffnen und bei der Schaltfläche

➢ Seriendruckfeld einfügen die Felder manuell für die Anschrift in das Textfeld setzen.

Die Symbolleiste Seriendruck erscheint:

Hier die Seriendruck-Felder an der aktuellen Cursorposition einfügen. Neue Zeilen mit Return, Leertaste als Abstand z.B. zwischen Anrede, Vorname und Name oder Postleitzahl und Ort.

Leerzeilen

Leerzeilen: leere Zeilen werden ausgelassen, wenn am Zeilenende Return verwendet wurde, mit „Neue Zeile" (Umschalt + Return) bleiben leere Zeilen.

Wir benötigen für die Anschrift folgende Felder, wobei anschließend die erste Abfrage-Bedingung eingebaut wird:

Lieferanschrift:	Ein sehr breites Textfeld, damit auch lange
«Name_der_Firma»	Namen Platz haben. Da das manuelle Einfügen der Felder sehr einfach geht, brauchen
«Abteilung»	wir uns nicht mit den vorgefertigten und meist
z. Hd. «Ansprechpartner»	nicht optimal passenden Zusammenstellungen
«Straße»	bei „Adressblock" herumzuschlagen
«PLZ» «Stadt»	

5.4 Mit der Vorschau überprüfen

Bis zu einem perfekten Seriendruck-Dokument sind leider noch einige Anpassungen erforderlich, also sollten wir das Ergebnis öfter überprüfen.

➢ Auf der Karteikarte Sendungen die Vorschau aktivieren, dann die Seiten durchgehen und kontrollieren.

➢ Erstes Problem, das Textfeld wird automatisch an die vorhandenen Zeilen angepasst. Wenn Sie die Größe manuell verändern, d.h. etwas höher einstellen, sollte dies abgestellt sein.

↳ Falls weiterhin, rechte Maustaste auf dem Textfeld und bei Textoptionen/Layout und Eigenschaften kontrollieren, ob „Größe der Form an den Text anpassen" deaktiviert ist. Ggf. noch einmal die Höhe des Textfeldes manuell erhöhen.

5.5 Erste Bedingung Wenn-dann-sonst

Bei dem Feld Ansprechpartner soll der kleine Zusatz z. Hd. nur erscheinen, wenn ein Ansprechpartner vorhanden ist.

Dafür gibt es die <u>Wenn-dann-Bedingung</u>. Im Klartext:

♦ wenn Ansprechpartner vorhanden,

     ↳ dann z. Hd. hinzufügen,

     ↳ sonst ganz leer lassen.

Bei der Schaltfläche Regeln (Karteikarte Sendungen) finden Sie die Wenn-Bedingungen:

➢ Setzen Sie den Cursor vor das Feld «Ansprechpartner», dann bei Regeln „Wenn … Dann … Sonst" wählen und folgendermaßen ausfüllen:

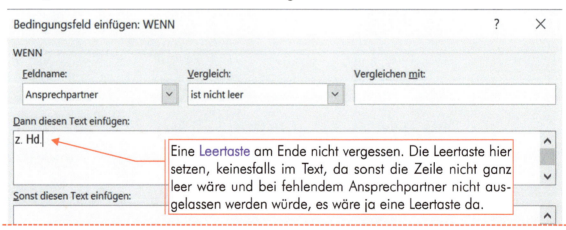

➢ Nun noch das anfangs manuell geschriebene "z.Hd." löschen.

> Hinweis: „Sonst diesen Text einfügen" einfach leer lassen (kein Ansprechpartner = kein Eintrag, auch keine Leertaste!).

Prüfen Sie gleich das Ergebnis mit der Vorschau:

Hiermit die Vorschau einschalten.

Dann ein paar Datensätze anschauen und prüfen, ob das z.Hd. nur eingefügt wird, wenn ein Ansprechpartner vorhanden ist.

5.6 Feldfunktion anzeigen

Lassen Sie sich zur Kontrolle die Feldfunktion anzeigen.

> ➤ Genau über dem Feld mit der Wenn–Bedingung die rechte Maustaste drücken, dann Feldfunktion ein/aus. Erstes klicken schaltet ein, nächstes aus usw.
>
> ✍ Sie können auch den Shortcut [ALT]-F9 benutzen, um die Feldfunktionen ein- oder auszublenden, doch falls Sie eine Nvidia-Grafikkarte verwenden, ist dieser Shortcut von einer Grafikkartenfunktion zur Videoaufzeichnung belegt.

[ALT]-F9

So müsste die Feldfunktion aussehen:

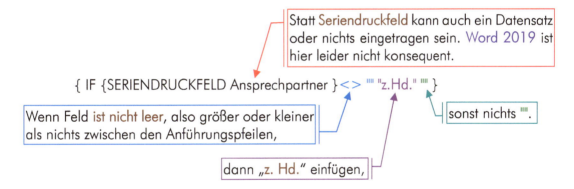

Statt Seriendruckfeld kann auch ein Datensatz oder nichts eingetragen sein. Word 2019 ist hier leider nicht konsequent.

{ IF {SERIENDRUCKFELD Ansprechpartner } <> "" "z.Hd." "" }

Wenn Feld ist nicht leer, also größer oder kleiner als nichts zwischen den Anführungspfeilen,

sonst nichts "".

dann „z. Hd." einfügen,

> ➤ Anschließend mit rechter Maustaste wieder: Feldfunktion ein/aus.

Diese Möglichkeit ist praktisch, um z.B. die Leertaste zu ergänzen, ohne die komplette Wenn-dann-Bedingung neu setzten zu müssen, falls Sie diese vergessen hätten.

Überschrift einbauen:

> ➤ Schreiben Sie nun eine Überschrift über die Anschrift, ganz klein und blau formatieren:

Lieferanschrift:

Das war der Lieferschein. Weiter geht es mit der Rechnung, bei der nun schon eine schwierigere Bedingung einzubauen ist.

5.7 Bedingung für differenzierte Anrede

Schöner ist es, nicht nur z.Hd. zu drucken, sondern sogar die passende Anrede.

♦ Leider ist hier die deutsche Grammatik etwas schwierig. Wir brauchen:

    ✎ z.Hd. Frau Adelheid Müller oder z.Hd. Herrn Walter Schmidt.

Um dieses Ziel zu erreichen, sind zwei Schritte erforderlich:

➢ Ergänzen Sie in der Datenbank eine Spalte Anrede, dann das Herr oder Frau von Ansprechpartner dorthin verschieben.

➢ In der Anschrift nun dieses neue Feld «Anrede» zwischen der z.Hd.-Bedingung (ggf. rechte Maustaste/*Feldfunktion ein/aus*, damit Sie dieses sehen) und dem Feld Ansprechpartner ergänzen und

➢ für den Sonderfall Herrn wird eine Wenn–dann–Bedingung vor das Feld «Anrede» gesetzt (*Feld Anrede erscheint markiert*):

    ✎ Wenn Anrede gleich Herr, dann „n", sonst nichts.

➢ Ebenso für die Leertaste zwischen Anrede und Name eine Wenn–dann–Bedingung zwischen den Feldern «Anrede» und «Ansprechpartner» (*Feld Ansprechpartner erscheint markiert*) mit dem Inhalt „Wenn nicht leer", dann eine Leertaste einfügen.

    ✎ Somit ist die Leertaste auch zwischen Anrede und Name vorhanden, bzw. bei fehlendem Ansprechpartner ist absolut nichts vorhanden, so dass keine leere Zeile gesetzt wird.

Das ergibt folgende Bedingung, hier etwas übersichtlicher dargestellt:

Hinweis: Leetasten, die als Bedingung eingefügt werden, farbig markiert als: ▮

{ IF {MERGEFIELD Anrede}<>"" "z.Hd.▮" ""}{MERGEFIELD Anrede}
in Worten:
wenn Anrede nicht leer, dann z.Hd. + Leertaste + Anrede

{ IF {MERGEFIELD Anrede}= "Herr" "n" ""}{ IF {MERGEFIELD Anrede}<>"" "▮" ""}{MERGEFIELD Ansprechpartner }
in Worten:
wenn Anrede = Herr, dann n setzen, sonst nichts,
wenn Anrede nicht leer, dann Leertaste, sonst nichts
und als letztes Ansprechpartner.

Übung fertigstellen:

➢ Bitte wie beschrieben einrichten und wieder mittels der Vorschau überprüfen, z.B. einige leere Absatzmarken löschen, damit auf der zweiten Seite die Rechnung folgt.

➢ Sie können auch zum Test einen Ausdruck in eine pdf-Datei durchführen, z.B. mit dem „Microsoft print to pdf"-Drucker, und dann diese Datei kontrollieren.

Kapitel 6

6. Die Rechnung

6.1 Optionale Rechnungsadresse

Rechnung ist Rechnung. Bei größeren Firmen ist die Buchhaltungsabteilung oft in einem anderen Gebäude. Folglich sollte die Anschrift dieser Abteilung auf der Rechnung stehen, auf dem Lieferschein weiterhin die Lieferadresse.

6.1.1 Felder ergänzen

Wir benötigen weitere Felder für die Rechnungsanschrift:

➢ Wir haben eine Kopie der Datenbank Musterkunden in unserem Übungsordner verwendet, öffnen Sie diese ganz einfach wie jedes andere Word-Dokument.

➢ Ergänzen Sie am Ende neue Spalten für die Felder: R-Adr, R-Straße, R-PLZ und R-Stadt.

   ↳ Hierzu sind die Feldnamen als Spaltenüberschriften einzutragen.

➢ Ergänzen Sie bei einigen Beispiel-Adressen Rechnungsanschriften, indem Sie Daten in der Tabelle eingeben.

➢ Passen Sie das Tabellenformat an, speichern und schließen, dann im Rechnungsdokument das erste Textfeld mit der Adresse von Lieferschein auf die nächste Seite zu Rechnung kopieren, damit wir nur die Felder anpassen brauchen. Einige leere Absatzmarken löschen.

6.1.2 Wenn-Bedingung Rechnungsanschrift

Wir brauchen jetzt folgende Funktion:

♦ Wenn Rechnungsanschrift vorhanden, dann Rechnungsanschrift drucken, sonst die normale Anschrift.

♦ Doch hier gibt es ein Problem:

   ↳ In dem Wenn-dann-Fenster können keine Verweise auf andere Felder eingetragen werden, sondern nur normaler Text.

Aber mit einem Trick erreichen wir trotzdem unser Ziel. Fügen Sie folgende Wenn-Dann-Sonst-Bedingung als Platzhalter ein.

➢ Wenn Seriendruckfeld R-Adr ist nicht leer,

   ↳ dann (als Platzhalter) „dann",

   ↳ sonst (als Platzhalter) „sonst".

Folgende Syntax erscheint, wenn Sie „Feldfunktion ein/aus" mit der rechten Maustaste wählen:

{ IF <> "" "dann" "sonst" }

Jetzt können wir zwischen den Anführungsstrichen den Platzhaltertext durch die Felder ersetzen:

➢ Die ersten Anführungsstiche bleiben leer.

➢ Danach bei „dann" das Seriendruckfeld R-Adr einfügen und (ggf. noch einmal Feldfunktion ein/aus)

➢ für „sonst" das Seriendruckfeld Name_der_Firma.

Leider müssen Sie im Word 2019 immer wieder die Feldfunktion ein/aus wählen, außerdem werden die eingefügten Felder nicht angezeigt.

♦ Das ergibt die Bedingung:

    ↳ Wenn das Feld R-Adr nicht leer ist,

    ↳ dann das Feld R-Adr drucken,

    ↳ sonst Feld Name_der_Firma.

➢ Das durch das Kopieren des gesamten Textfeldes nun doppelt vorhandene Feld {Name_der_Firma} noch löschen, dann bleibt diese Bedingung:

{IF {Seriendruckfeld R-Adr}<> „" „{R-Adr}" „{Name_der_Firma}"}

    ↳ Bei früheren Word-Versionen war If durch Wenn übersetzt. Dies wird sicherlich bei einer neueren Ausgabe von Word 2019 oder einem Update ebenso der Fall sein.

    ↳ Wenn Sie daher Hilfe zur Wenn-Bedingung suchen, müssen Sie im Word bei Hilfe/Hilfe nach if field suchen.

➢ Testen Sie mittels der Vorschau oder einem Ausdruck in ein neues Dokument.

➢ Diesen Vorgang wiederholen Sie für die R-Straße, R-PLZ und R-Stadt.

> Damit wird die Rechnungsadresse gedruckt, sofern vorhanden, ansonsten die normale Anschrift. Unser Ziel ist erreicht!

6.2 Die Berechnung

In der Rechnung sollte weitgehend automatisch der Rechnungsbetrag ausgerechnet und der Mehrwertsteuer-Betrag angegeben werden. Automatische Berechnungen sparen Zeit und helfen, Rechenfehler zu vermeiden.

Wer nur gelegentlich Rechnungen schreiben muss, z.B. für eine freiberufliche Nebentätigkeit, und sich nicht in ein Buchhaltungsprogramm einarbeiten möchte, kann sich die Arbeit im Word durch die hier vorgestellten Berechnungsfunktionen erleichtern.

Folgendermaßen könnte der Rechnungsblock[2] gestaltet werden:

RECHNUNG

Seriendruckfeld KdNr und automatisches Datum über Einfügen/Datum und Uhrzeit.

Kd.-Nr.:   «KdNr»
Datum: 12.06.2025

Bezeichnung	Einzelpreis	Stück	Gesamtpreis
Microsoft Excel 2021 Schulungsbuch mit Übungen, Excel easy von Anfang an 135 Seiten, Amazon Taschenbuch, ISBN 979-8-847495-09-7	18,98 €	1	1,00 €
CorelDRAW 2021 Schulungsbuch mit Übungen, 137 Seiten, Amazon Taschen-buch, ISBN 979-8-522304-24-9	18,98 €	1	1,00 €
Corel Photo-Paint 2021 Schulungsbuch mit Übungen, 127 Seiten, Amazon Ta-schenbuch, ISBN 979-8-481569-75-8	19,99 €	1	1,00 €
Microsoft PowerPoint 2021 Schulungsbuch mit Übungen, 145 Seiten, Amazon Ta-schenbuch, ISBN 979-8-522400-30-9	19,85 €	1	1,00 €
		Summe:	4,00 €

*Rabatt**	10 %	0,40 €
R-Summe		3,60 €
Versand		6,90 €
Endbetrag:		10,50 €
incl. MwSt.	7 %	0,69 €

zahlbar innerhalb von 14 Tagen nach Rechnungsdatum ohne Skonto.

- ♦ Wir setzen dabei diese Word-Werkzeuge ein:
  - ↳ Der jeweilige Artikel wird als AutoText-Eintrag (siehe Band 2) definiert, damit dieser relativ leicht eingetragen werden kann.
  - ↳ Die Preise sind vorgegeben, die Stückzahl wird ggf. überschrieben, falls mehr als 1.
  - ↳ Alle weiteren Felder, ab Menge x Preis, werden als Formel in der Tabelle angelegt, so dass die Berechnung automatisch erfolgt.

---

[2] Preise könnten sich seit Drucklegung geändert haben und von der Darstellung abweichen.

6.2.1 Formel einfügen

AutoText können Sie bereits, darum noch eine Erläuterung der Berechnungen. Wir brauchen ein Produkt aus Einzelpreis und Menge, was links steht, also Produkt (links). Das geht so:

➢ Cursor in die entsprechende Zelle setzen, dann:
  Tabellentools/Layout/Daten/Formel.

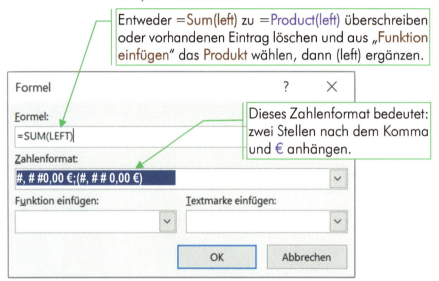

Entweder =Sum(left) zu =Product(left) überschreiben oder vorhandenen Eintrag löschen und aus „Funktion einfügen" das Produkt wählen, dann (left) ergänzen.

Dieses Zahlenformat bedeutet: zwei Stellen nach dem Komma und € anhängen.

➢ Sie müssen die Formel nur einmal einrichten. Kopieren Sie diese Formel einfach in die folgenden Zeilen.

6.2.2 Felder aktualisieren

Damit haben Sie ein Berechnungsfeld eingefügt. Sollten Sie z.B. die Stückzahl erhöhen, brauchen Sie nur zu aktualisieren:

➢ rechte Maustaste über dem Feld drücken und Feld aktualisieren wählen.

➢ Verfahren Sie genauso, um in der letzten Zeile die Formel: Sum(über) einzufügen. Einheit € nicht vergessen!

   Aktualisieren

   ↳ Leider hat sich hier bei Word 2019 ein Sprachengemisch eingeschlichen, Sie können sowohl SUM(über) als auch SUM(above) eintragen.

6.2.3 Ein Querverweis

Jetzt wird die Summe in die nächste Tabelle übernommen, damit dort der Rabatt, die Mehrwertsteuer und der Versandanteil ergänzt werden kann.

Zunächst einmal grundsätzlich: warum eine neue Tabelle?

♦ Berechnungen funktionieren im Word nur bei einfachen Tabellen einwandfrei.

♦ Änderungen der Spaltenanzahl können zu Fehlberechnungen führen.

♦ Jedes zur Berechnung herangezogene Tabellenfeld darf nicht leer sein, sondern muss ggf. eine Null enthalten!

Ein Querverweis ist jedoch kein Problem und sogar ein sehr nützliches Werkzeug. Bevor wir jedoch einen Querverweis setzen können, muss zuerst der Wert „Summe" als Textmarke definiert werden.

Wieder sind die zwei Schritte erforderlich:

- ◆ Zuerst definieren wir als Textmarke, was später an anderer Stelle eingefügt werden soll, z.B. unsere Summe.

- ◆ Dann können wir in der neuen Tabelle einen Querverweis auf diese Textmarke setzen.

  - ↳ Ändert sich die Summe, wird der aktuelle Wert eingetragen, wenn Sie das Dokument öffnen oder das Feld aktualisieren.

Textmarken setzten (wie bei dem Kapitel über Querverweise):

- ➢ Markieren Sie den eben berechneten Wert „Summe" und wählen Sie Einfügen/Textmarke.

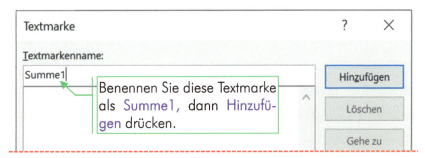

Benennen Sie diese Textmarke als Summe1, dann Hinzufügen drücken.

Leider kann weder eine Leertaste noch ein Schrägstrich für den Namen einer Textmarke verwendet werden. Bei solchen Zeichen ist die Hinzufügen-Schaltfläche deaktiviert.

Jetzt ist die Textmarke definiert und kann in diesem Text beliebig oft eingefügt werden. Das geht über den Befehl Querverweis. Wir brauchen für unsere Tabelle und die erforderlichen Berechnungen noch andere Textmarken.

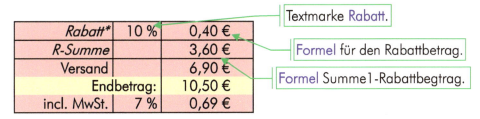

Textmarke Rabatt.

Formel für den Rabattbetrag.

Formel Summe1-Rabattbegtrag.

- ➢ 10% markieren und die Textmarke Rabatt einfügen.

Jetzt können wir aus der Textmarke Rabatt und Summe1 die Formel ergänzen, um den Rabattbetrag ausrechnen zu lassen:

- ➢ Setzen Sie den Cursor in die Zelle für den Rabattbetrag und wählen Sie erneut: Tabellentools/Layout/Daten/Formel.

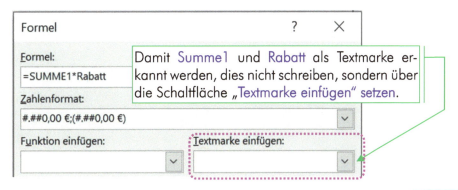

Damit Summe1 und Rabatt als Textmarke erkannt werden, dies nicht schreiben, sondern über die Schaltfläche „Textmarke einfügen" setzen.

➢ Nach = bei der Schaltfläche „Textmarke einfügen:" Summe1 wählen, dann * schreiben und bei „Textmarke einfügen:" Rabatt wählen.

  ↳ Wenn Sie bei der Textmarke Rabatt auch das %-Zeichen mit markiert hatten, rechnet Word richtig 10% aus, andernfalls müsste die Formel =Summe1/100*Rabatt eingetragen werden.

  ↳ Definieren Sie den neuen Wert als Textmarke Rabattbetrag.

➢ In der nächsten Zeile nun die Formel einfügen: Textmarke Summe1 minus Textmarkeninhalt Rabattbetrag, um die Summe abzüglich des Rabattes zu erhalten. Als Textmarke Summe2 definieren.

> Sie können (fast) jede Berechnung, auch wenn keine vorgefertigte Funktion vorhanden ist, von Hand eintragen.

Jetzt sind noch die weiteren Funktionen erforderlich:

➢ Für den Endbetrag: =Summe + Versand

  ↳ Definieren Sie diesen Wert als Textmarke Endbetrag

➢ Für die Mehrwertsteuer: =Endbetrag/107*MwSt

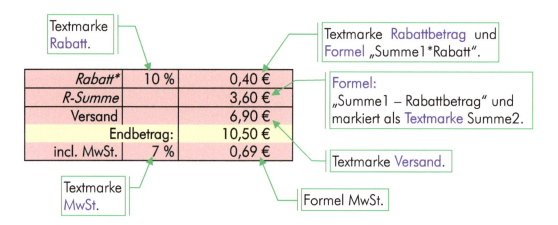

> Textmarken für MwSt. und Rabatt sind hilfreich, wenn sich Werte ändern, da dann in der Formel der eingetragene Wert übernommen wird, sobald Sie die Formel aktualisieren.

Ändern Sie Einträge, dürfen Sie nur den Wert, nicht die ganze Zelle markieren, da Sie dann auch die Textmarke überschreiben würden.

6.2.4 Neu berechnen

Weil wir inzwischen einige Berechnungen eingebaut haben, wird es zu umständlich, alle einzeln über die rechte Maustaste zu aktualisieren. Ist auch nicht nötig.

Dieses Rechnungsformular kann für jeden Kunden verwendet werden, indem es durch folgende Schritte angepasst wird:

- ♦ Die bestellten Artikel werden als AutoTexte eingefügt, die Stückzahl wird korrigiert und nicht bestellte Artikel werden gelöscht.

Seriendruck...

- ♦ Anschließend werden die Beträge neu berechnet und die Adresse mit der Seriendruck-Funktion eingefügt.

> Ändern Sie Werte, dürfen Sie nur die Zahl, nicht die ganze Zelle markieren, da Sie dann die Textmarke überschreiben würden.

Zum Überschreiben den Wert nur anklicken, mit [Entf] oder der [Rücktaste] löschen und neu schreiben. Zusätzlich sollten Sie bei Datei/Optionen/Erweitert unter der Überschrift Dokumentinhalt die Textmarken sichtbar einstellen.

Um alle in dem Dokument enthaltenen Felder zu aktualisieren, gibt es ein Symbol, das wir am besten in die Symbolleiste aufnehmen:

- ➢ Datei/Optionen/Anpassen, dann links „Symbolleiste für den Schnellzugriff" wählen (dies sind die Symbole, die ganz oben links angezeigt werden, noch nur: Speichern, Rückgängig, Wiederholen).

- ➢ Links das Symbol für „Aktualisieren" suchen und nach rechts in die Symbolleiste Schnellzugriff aufnehmen.

Das Ergebnis:

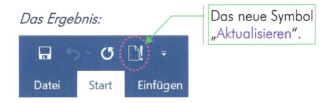

Das neue Symbol „Aktualisieren".

Jetzt können Sie alle Berechnungen sehr einfach aktualisieren:

- ➢ Markieren Sie mit [Strg]-A den gesamten Text.

[F9]

- ➢ Drücken Sie das neue Symbol aktualisieren oder [F9].

Die Lieferungs- und Zahlungsbedingungen werden zum Abschluss unter die Rechnung geschrieben und die Bankverbindung in die Fußzeile gesetzt.

6.3 Die Kunden abfragen

Die Rechnung ist erledigt, was nie fehlen sollte, ist ein weiteres Angebot, damit jeder Kunde erneut bestellen kann. Und damit die Datenbank ständig aktualisiert und verbessert wird, fragen wir bei dieser Gelegenheit den Kunden, ob seine Daten korrekt sind.

Dabei kann auf fehlende Daten besonders aufmerksam gemacht werden.

Wieder helfen uns zwei Möglichkeiten:

- ♦ Wir setzen die Daten erneut in ein Textfeld. Dadurch wird verhindert, dass sich der restliche Text verschiebt, wenn die Adressen unterschiedlich lang ausfallen.

- ♦ Wir fügen eine Bedingung in jedes Feld ein, die z.B. lautet: wenn Feld Telefon leer ist, dann Text *Ihr Telefon?* einfügen.

So soll das Ganze werden:

- ➢ Fügen Sie den Text und die Seriendruck-Felder wie abgebildet in ein Textfeld ein.

- ➢ Setzen Sie jeweils einen rechtsbündigen Tabulator mit Füllzeichen, damit der Rest der Zeile unterstrichen wird.

Ist die Adresse korrekt?
«Name_der_Firma».......¶
«Abteilung»..............¶
«Straße».................¶
«PLZ» «Stadt»...........¶
«Ansprechpartner».......¶
Tel.: «Telefon».........¶
Fax: «Fax».............¶
Kd.-Nr.: «KdNr».........¶

Jetzt kommt die Bedingung:

- ➢ Setzen Sie den Cursor hinter „Tel: «Telefon»", dann Bedingung Wenn-dann-sonst starten. Dort eintragen:

  - △ Wenn Seriendruckfeld Telefon leer, dann: „Ihr Telefon?"

  - △ „Sonst diesen Text einfügen" lassen Sie leer.

- ➢ Formatieren Sie die eingefügte Bedingung „Ihr Telefon?" kursiv, fett und mit Farbe Rot, damit dies deutlich auffällt. Wenn die Bedingung nicht sichtbar ist, Feldfunktion ein/aus einschalten.

- ➢ Kopieren Sie die Bedingung für die anderen Felder: Fax, Straße, Ansprechpartner usw., dann den jeweiligen Text anpassen.

- ➢ Führen Sie einen Test mit den ersten Datensätzen durch.

Einmal festgelegte Formeln können kopiert werden:

Zahl markieren (achten Sie auf die graue Hinterlegung, die das Feld anzeigt), kopieren und an anderer Stelle einfügen. Mit der rechten Maustaste den Befehl Feld aktualisieren wählen, damit der Betrag stimmt.

7. Übersicht und Shortcuts

Übersicht Formatvorlagen:

➲ Standard einrichten, alle anderen außer Überschriften aufbauend auf Standard, daher nur Abweichungen einstellen,

➲ Überschrift 2 basiert auf Überschrift 1, Überschrift 3 auf Ü. 2 usw.

➲ Absätze zusammenhalten, z.B. Überschrift mit folgendem Absatz.

➲ Löschen, kopieren… von Formatvorlagen im Formatvorlagen-Menü/ Formatvorlagen verwalten bei Importieren/Exportieren.

Übersicht Seriendruck

➲ Damit Seriendruck möglich ist, ist eine Datenquelle (Tabelle z.B. mit Adressen, Musiktiteln, technische Daten von Autos usw.) die Voraussetzung.

➲ Aus der Datenbank wird jeweils ein Datensatz in das Seriendruck-Dokument eingesetzt.

➲ Seriendruck-Dokumente können Briefe, Emails, Etiketten, Umschläge, Karteikarten usw. sein.

➲ Immer erst simulieren und gründlich Korrektur lesen, bevor verschickt oder gedruckt wird.

➲ Mit Wenn-dann-Bedingungen können automatisch Optionen gewählt werden, z.B. für differenzierte Anrede.

Übersicht Berechnungen:

➲ Berechnungen gehen nur in Tabellen, Zelle anklicken, dann oben Tabellentools/Layout/Formel,

➲ häufig: Sum(above), Product(left) oder von Hand: =(Querverweis auf Summe1)*19%.

Fehlerursachen bei Berechnungen:

➲ leere Zellen mit 0 bei Summen oder 1 bei einem Produkt ausfüllen,

➲ keine verbundenen Zellen in Tabellen mit Berechnungen,

➲ nur einfache Rechnungen: Zwischenrechnungen in separaten Tabellen.

7.1 Abkürzungen / Shortcuts

Allgemein:	
[Strg]-a	Alles markieren
[Umschalt]-Richtungstaste	Gezielt markieren
[Umschalt]-Ende	Von Cursorposition bis Zeilenende markieren.
[Strg]-[Umschalt]-Pos1/Ende	Von Cursorposition bis Textanfang/Textende markieren.
[Strg]-p	Drucken
[Strg]-f	Suchen (von engl.: find)
Sonderzeichen:	
[Strg]-[Alt]-Punkt	Drei Punkte: …
[Strg]-[Umschalt]-Leertaste	Geschütztes Leerzeichen
[Strg]-Bindestrich	Geschützter Bindestrich
[Alt]-[Umschalt]-X	Indexeinträge festlegen.
Formatvorlagen:	
[Strg]-[Alt]-[Umschalt]-s	Öffnet das Formatvorlagen-Menü.

8. Stichwortverzeichnis